AF586247

DEUX GOUTTES D'EAU

COMÉDIE, MÊLÉE DE COUPLETS, EN UN ACTE

PAR

MM. ANICET BOURGEOIS ET LABICHE.

Représentée pour la première fois, à Paris, sur le Théâtre des Variétés, le 22 septembre 1852.

Distribution de la pièce.

JULES TOURILLON, avoué.	MM.	NUMA.
MORVANCHUT.		NESTOR.
PHILIPPE, domestique de Tourillon. . . .		DELIÈRE.
IRMA, femme de Tourillon.	Mlles.	VIRGINIE-DUCLAY.
HENRIETTE, femme de Morvanchut. . . .		GABRIELLE.

La scène se passe à Paris dans le cabinet de Tourillon.

NOTA. — Toutes les indications sont prises du spectateur. — Les acteurs sont inscrits en tête des scènes dans l'ordre qu'ils occupent, c'est-à-dire que le premier acteur inscrit est à la gauche du spectateur, et ainsi de suite. — Les changements de position sont indiqués par des renvois au bas des pages.

DEUX GOUTTES D'EAU

Le théâtre représente un petit salon faisant cabinet d'étude. — Au fond deux portes; l'une au milieu conduit à l'extérieur, l'autre, à gauche, à la chambre de Tourillon. — A droite, au fond, faisant pendant à la porte de gauche, une bibliothèque. — A droite, deuxième plan, une autre porte conduisant à la chambre de madame Tourillon. — Du même côté, sur le devant, un bureau chargé de papiers, plumes et encrier. — Sur le bureau, une sonnette; derrière, un fauteuil de bureau et un grand cartonnier adossé au mur de droite. — A gauche, deuxième plan, une fenêtre; au premier plan, une cheminée, dans laquelle brûle du charbon de terre. — Deux cordons de sonnette à la cheminée. — Sur le devant, à gauche, une causeuse, sur laquelle est un ouvrage de tapisserie. — Fauteuils. — Ameublement riche.

SCÈNE PREMIÈRE.

PHILIPPE, *puis* MORVANCHUT.

PHILIPPE, *seul, en train de brosser un manteau Talma.*

Quel drôle de petit manteau !... Ça ne doit pas être chaud !... Ils appellent ça un *Talma*... c'est plutôt un *j'ai froid !*... (*Il va poser le manteau sur un fauteuil au fond, entre la porte du milieu et la bibliothèque.*) C'est extraordinaire comme M. Tourillon devient lion... (*Époussetant.*) Ce n'est plus un avoué... c'est une gravure de modes... il a un stick, des gants jaunes et... jusqu'à des moustaches !...

MORVANCHUT, *au dehors et vivement.*

Je vous dis que j'entrerai... j'entre partout !...

PHILIPPE.

Qu'est-ce que c'est que ça ?

MORVANCHUT, *entrant, par le fond-milieu, brusquement.**

Monsieur Tourillon, avoué? (*Il porte un Talma semblable à celui que Philippe vient de montrer, une cravache et des éperons*).

PHILIPPE.

Il est sorti.

MORVANCHUT.

Ce n'est pas vrai !

PHILIPPE.

Comment?

MORVANCHUT.

Va me le chercher.

PHILIPPE.

Pardon... Monsieur ne sait peut-être pas...

* Morvanchut, Philippe.

MORVANCHUT.

Quoi?

PHILIPPE.

Que c'est aujourd'hui dimanche...

MORVANCHUT.

Eh bien?

PHILIPPE.

Le dimanche, le cabinet de monsieur Tourillon est fermé.

MORVANCHUT.

Imbécile!... puisque j'y suis entré!... (*Se retournant du côté de la cheminée.*) Fichtre! ça fume ici... (*Il va ouvrir la fenêtre et revient*). Allons... annonce-moi!... File à gauche, pas accéléré... marche!...

PHILIPPE.

Mais quand je vous dis que Monsieur ne reçoit pas...

MORVANCHUT, *agitant sa cravache.*

File! ou je te passe mon sabre au travers du corps.

PHILIPPE*, *effrayé, passant à gauche.*

On y va! on y va!... (*A part, en allant fermer la fenêtre*). En voilà un crâne!... ça doit être un ex-mamelouck!...

MORVANCHUT, *le menaçant.*

Eh bien?...

PHILIPPE, *vivement.*

On y va! (*Il sort par le fond-milieu*).

SCÈNE II.

MORVANCHUT, *seul. Il ôte son Talma, qu'il dépose sur la causeuse. On aperçoit à sa redingote une décoration violette bordée jaune.*

C'est étonnant comme ce ton soldatesque convient à mon encolure!... J'étais né pour être militaire... Après ça, je le suis presque... Quand on a soumissionné une fourniture de 75,000 sabres, et qu'on les a tous essayés... je ne crois pas qu'il se trouve ici une seule personne de mon sexe qui ait tiré 75,000 fois le sabre hors du fourreau... Et bien, je l'ai fait, moi!... (*S'asseyant sur la causeuse*). Lorsque le gouvernement me fit l'honneur insigne de me confier l'armement de 75,000 braves, je crus qu'il était de mon devoir de prendre des allures martiales... J'achetai des éperons qui me gênent beaucoup... je bus de l'absinthe, que je déteste... et je rossai ma domestique... une Picarde qui fait très-mal la sauce blanche... Henriette, ma femme, s'avisa de le trouver mauvais... Alors... (*Se levant*).

* Philippe, Morvanchut.

AIR : *De la colonne.*

Voulant chez moi mettre la discipline,
Et faire à tous enfin baisser le ton,
Maître absolu déjà dans la cuisine,
Je voulus être autocrate au salon...
L'absolutisme en ménage est très-bon.
Ma femme alors se fâche et me défie,
Et puis s'enferme... Aussitôt je la mets
Pour quinze jours dans sa chambre aux arrêts...
Le soir même... elle était partie.

Oui, elle avait déserté le domicile conjugal. Dans le premier moment, j'en fus bien aise... ça me changeait... je me livrai à la vie des camps... je rôdai autour des casernes... (*S'asseyant près du bureau.*) Mais, peu à peu, je me pris à regretter Henriette... c'était une faiblesse, j'en conviens... mais enfin, elle me manquait... surtout le soir... pour mon impériale ! — Bref, j'eus la lâcheté d'écrire à cette moitié réfractaire... ma lettre resta sans réponse... J'allais lancer une seconde épître, lorsque j'appris que madame Morvanchut... Morvanchut, c'est le nom dont je l'ai gratifiée, l'ingrate !... J'appris, dis-je, que madame Morvanchut, loin de se laisser attendrir, allait m'intenter un procès en séparation, et qu'elle devait se présenter aujourd'hui même chez ce Tourillon... (*Se levant.*) dont les cheminées fument horriblement!... (*Il va rouvrir la fenêtre.*) A cette nouvelle, mon parti fut bien vite pris... je vissai mes éperons, je pris ma cravache, je montai en fiacre, et me voici !... Maintenant si ce paperassier d'avoué a la petitesse de se charger du procès de ma femme... je me bats avec lui et au sabre!... il m'en reste 3,000... je le jure sur ma décoration !... (*Au public, en montrant sa décoration*). C'est gentil, n'est-ce pas ?... c'est le grand hospodar de Valachie qui m'a envoyé ça, pour un mémoire que je lui ai adressé en faveur de la propagation de la race bovine... ça fait bien... ça vous donne un petit air... belliqueux !...

SCÈNE III.

PHILIPPE, MORVANCHUT.

PHILIPPE, *entrant par le fond-milieu.*

Capitaine!... (*Il fait le salut militaire*).

MORVANCHUT, *cherchant autour de lui.*

Hein ?...

PHILIPPE.

Capitaine !

MORVANCHUT, *à part.*

Il me prend pour un officier ! (*Haut, lui prenant l'oreille*). Drôle, qui t'a dit que j'étais militaire ?

PHILIPPE.

Vos éperons... J'ai bien vu tout de suite que Monsieur était dans la cavalerie.

MORVANCHUT, *à part.*

Il est intelligent, ce garçon !... (*Haut*). Parle...

PHILIPPE.

Je quitte M. Tourillon...

MORVANCHUT.

Eh bien?...

PHILIPPE.

Il m'a chargé de vous dire qu'il n'y était pas.

MORVANCHUT, *agitant sa cravache.*

Corbleu!... se moque-t-on de moi?... Avance à l'ordre!

PHILIPPE, *s'approchant.*

Oui, capitaine. (*Il fait le salut militaire*).

MORVANCHUT.

Tu es son brosseur?

PHILIPPE.

Plait-il?

MORVANCHUT.

Dans le militaire nous disons : brosseur... les bourgeois disent groom... c'est stupide ! nous, nous disons : brosseur!... Que fait ton maître?

PHILIPPE.

Il est couché.

MORVANCHUT.

Pékin ! — A quelle heure se lève-t-il?

PHILIPPE.

Monsieur prend son chocolat à onze heures.

MORVANCHUT.

Femmelette !... A onze heures? Je reviendrai à dix heures et demie.

PHILIPPE.

Oui, capitaine.

MORVANCHUT, *remontant.*

Où est mon Talma?... (*Il va pour prendre celui de Tourillon qui est au fond*).

PHILIPPE, *s'apercevant de la méprise de Morvanchut.*

Permettez... c'est celui de Monsieur... voici le vôtre... (*Il le lui donne. — On sonne en dehors*).

MORVANCHUT, *mettant son Talma.*

Un avoué en Talma... c'est stupide ! (*On sonne de nouveau. Philippe, après avoir fermé la fenêtre va pour sortir par le fond-milieu*).

SCÈNE IV.

MORVANCHUT, PHILIPPE, IRMA.

IRMA, *sortant de la chambre à droite.*

Philippe... vous n'entendez donc pas... on sonne.....

PHILIPPE.

Voilà, Madame. (*Il sort par le fond-milieu*).

IRMA, *à part, apercevant Morvanchut.**

Un client de mon mari sans doute. (*Elle le salue*).

MORVANCHUT, *à part, après l'avoir saluée.*

La femme de l'avoué... hum !... ce Tourillon est bien heureux !... Sapristi ! comme ça fume ici !... c'est insupportable. (*Il va réouvrir la fenêtre*).

PHILIPPE **, *rentrant par le fond-milieu.*

C'est le bijoutier de madame qui apporte cet écrin.

IRMA, *prenant l'écrin.*

Ah ! je sais ce que c'est... (*Philippe sort par le fond-milieu. — A part.****) Le portrait de mon mari que j'ai peint de mémoire... Une surprise !... (*A Morvanchut, lui présentant l'écrin ouvert.*) Pardon, Monsieur... le trouvez-vous ressemblant ?

MORVANCHUT.

Qui ça, madame?

IRMA.

Monsieur Tourillon.

MORVANCHUT.

Je ne le connais pas du tout... (*Regardant le portrait.*) Tiens... c'est frappant !...

IRMA.

Mais vous disiez ne pas le connaître.

MORVANCHUT, *prenant l'écrin.*

Comme avoué, non... mais comme danseur à Mabille... parfaitement...

IRMA.

Danseur à Mabille !...

MORVANCHUT.

Voilà bien son nez... en cornet à piston !

IRMA, *reprenant l'écrin.*

A Mabille !... Sachez, Monsieur, que mon mari ne va jamais dans ces endroits-là !

MORVANCHUT.

Allons donc ! c'est un farceur, votre mari !... Je le reconnais bien !... c'est lui qui a inventé le pas des sucres d'orge ! (*Philippe rentre par le fond-milieu et va fermer la fenêtre*).

IRMA.****

Qu'est-ce c'est que ça ?

MORVANCHUT.

Les pas des sucres d'orge !... C'est très-simple... vous prenez deux sucres d'orge...

* Morvanchut, Irma.
** Morvanchut, Philippe, Irma.
*** Morvanchut, Irma.
**** Philippe, Morvanchut, Irma.

IRMA.

Mais non, Monsieur... je vous dis que vous vous trompez !...

MORVANCHUT.

Comme vous voudrez... ça m'est égal... (*Saluant*). Serviteur, Madame.

IRMA, *sèchement*.

Adieu, Monsieur.

MORVANCHUT, *à part*.

Elle est raide, cette petite femme-là !... (*Il remonte à Philippe*). N'oublie pas de dire à ton jocrisse d'avoué que je serai ici à dix heures et demie... heure militaire. (*Il sort par le fond-milieu*).

PHILIPPE.

Oui capitaine. —(*A part, passant à droite*). C'est un zouave !...

SCÈNE V.

IRMA, PHILIPPE.

IRMA.

Ce Monsieur se trompe... Mon mari ne va pas à Mabille.

PHILIPPE, *rangeant sur le bureau*.

Oh ! ça ! bien sûr... ni à Asnières non plus.

IRMA.

Comment?

PHILIPPE.

C'est le cocher d'en face qui prétend avoir vu Monsieur en canotier.

IRMA.

En canotier, à présent !...

PHILIPPE.

Un avoué... pêcher de la matelotte !... c'est invraisemblable. (*Il sort par la droite*).

IRMA, *seule un moment*.

A Mabille !... à Asnières !... mon mari !... Oh ! il faut qu'il s'explique... aujourd'hui... tout de suite !... (*Entendant la voix de Tourillon*). Justement, le voilà !

SCÈNE VI.

IRMA, TOURILLON.

TOURILLON, *en dehors*.

Mais non... mais non... dites que vous ne savez pas le faire... (*Il entre par le fond-milieu ; il a une robe de chambre très-élégante. — A Irma*). Ma chère amie, ta cuisinière ne sait pas faire le chocolat... c'est lamentable... et puis, je n'avais qu'une flûte... il me faut mes deux flûtes.

IRMA.

Jules, regarde-moi.

TOURILLON.

Volontiers... tu es charmante, ce matin.

IRMA.

Il ne s'agit pas de moi, Monsieur. Qu'est-ce que le pas des sucres d'orge, s'il vous plaît?...

TOURILLON, *à part.*

Oh!... (*Jouant l'étonnement, haut.*) Hein?...

IRMA, *appuyant.*

Les pas des sucres d'orge!

TOURILLON.

Hum!... ça doit être une danse de confiseur...

IRMA.

Pourtant des gens bien informés prétendent que c'est vous qui l'avez inventé!

TOURILLON.

Moi? où ça?...

IRMA.

Dans un endroit... que la pudeur me défend de nommer... à Mabille!...

TOURILLON, *blessé.*

Oh! Irma!... moi!... Tourillon... maître Tourillon!... qui aspire à l'honneur de faire partie de la chambre des avoués... j'irais à... Ah!... ah!... ah!...

IRMA.

Mais une personne t'a vu... de ses yeux vu...

TOURILLON, *après avoir fait à part un mouvement qui indique qu'il vient de trouver une idée.*

Eh bien!... en y réfléchissant... ça ne m'étonne pas... je devais y être!...

IRMA.

Comment?

TOURILLON.

Oui, je dois fréquenter ces vilains endroits-là.

IRMA.

Vous avouez donc?...

TOURILLON.

Qu'on a pu me voir à Mabille... oui... j'en conviens...

IRMA.

Ah!...

TOURILLON.

Et pourtant, je te jure... écoute bien ça... je te jure... sur les cinq codes... que je n'y suis jamais allé!

IRMA.

Je ne vous comprends pas du tout.

TOURILLON.

Je le crois bien... ce moi qu'on a vu là-bas... ce n'est pas moi!... c'est encore lui!... toujours lui!...

IRMA.

Qui, lui ?...

TOURILLON.

Mon sosie!... mon *alter ego !*... mon Daguerréotype ambu lant !... un monsieur qui habite le département de la Seine.. et qui se permet d'avoir ma tête... ce qui n'est pas maladroit de sa part...

IRMA.

Comment!... il y a quelqu'un qui te ressemble?

TOURILLON.

Comme deux gouttes d'eau... entre elles !..... C'est à n'y pas croire... et si je ne l'avais pas vu...

IRMA.

Tu l'as vu?...

TOURILLON.

Oui... entrevu... une seule fois... Tu sais que je ne fume jamais... tu me l'as défendu.

IRMA.

C'est-à-dire, je t'ai prié...

TOURILLON.

Oui, ça revient absolument au même... Eh bien ! il y a trois jours, passage Jouffroy, je m'arrête devant le lingot d'or... tu sais, cet établissement fashionable, où tout ce qu'il y a de plus distingué à Paris va prendre un petit verre sur le comptoir... Tiens, mon agent de change y était... il prenait un chinois... ça me donne une idée de cerise à l'eau-de-vie... Au moment d'entrer je passe devant une glace, je me regarde et je me vois avec un cigare à la bouche...

IRMA, *vivement.*

Ah !... tu fumais.

TOURILLON.

Du tout... c'était lui !... l'autre... qui me fumait dans le dos, en arrangeant sa cravate.

IRMA.

Un autre !...

TOURILLON.

Oui... un autre moi !... une vraie contrefaçon belge !...

AIR : *De Julie.*

Tu te flattais, n'est-ce pas, mon cher ange,
De posséder l'unique Tourillon,
Que la nature eût créé... Chose étrange !
Il en existe une autre édition !
Même format, même air, même tournure...
Et tu pourrais, j'en suis épouvanté,
Prendre pour moi, qui suis la vérité,
Ce monsieur, qui n'est qu'imposture !
Oui, je frémis !... car pour la vérité
Tu pourrais prendre l'imposture !

IRMA.

Oh! je ne m'y tromperais pas.

TOURILLON.

Je ne voudrais pas m'y fier... (*Montrant deux doigts.*) Tiens, ce monsieur et moi... nous voilà! c'est effrayant!..

IRMA.

Oh! je comprends maintenant... c'est l'autre qui a inventé...

TOURILLON.

Le pas des sucres d'orge... parbleu!.. mais sais-tu que cet animal-là me compromet...

IRMA.

Certainement...

TOURILLON.

Deux Tourillon sur la terre, c'est trop... et la première fois que je le... que je me... que je rencontrerai l'autre...

IRMA.

Oh! ne va pas te faire une querelle...

TOURILLON.

Ma chère amie, ça ne peut pas durer comme ça!.. je dirai à ce monsieur de couper ses moustaches... et, s'il refuse... eh! bien je... (*Mouvement d'Irma.*) Je couperai les miennes!.. (*Ouvrant une grande enveloppe qu'il trouve sur son bureau.*) Ah! grand Dieu!

IRMA.

Quoi donc?

TOURILLON, *l'embrassant.*

Ma chère amie, embrasse-moi!...

IRMA.

Pourquoi?...

TOURILLON.

Regarde... Sa Majesté, le grand hospodar de Valachie, m'envoie le premier de ses ordres... et franco... oui, franco...

IRMA.

L'hospodar de Valachie!...

TOURILLON.

Je lui ai adressé un mémoire contre la propagation de la race bovine, et voilà sa réponse. (*Il lui donne le papier.*)

IRMA, *examinant la décoration.*

Oh! mais, c'est très-gentil!.. un ruban violet bordé jaune...

TOURILLON.

Hum! j'aurais préféré une autre bordure...

IRMA.

Je vais l'attacher moi-même à ton habit.

TOURILLON.

Mon habit est là... dans ma chambre... (*Il montre le fond à gauche, à part.*) Excellente femme!... (*Haut.*) Irma, avant de sortir, laisse-moi te dire une chose.

IRMA.

Quoi?..

TOURILLON, *avec sentiment.*

Irma, tu es... tu es la plus tendre des épouses!.. (*Changeant de ton.*) Maintenant, va.

IRMA, *remontant et s'arrêtant.*

Dis donc, Jules... ce monsieur qui te ressemble... c'est bien vrai, au moins?

TOURILLON.

Oh! oh! oh! tu en doutes?..

IRMA.

Non... non... je te crois... je te croirai toujours... adieu!

TOURILLON.

Adieu!... (*Irma sort par le fond à gauche.*)

SCÈNE VII.

TOURILLON, *seul. Il fait quelques pas de danse qu'il termine par une pose. — Au public.*

Le pas des sucres d'orge... elle croit?.. elle me croira toujours... Amour de femme, va!... (*Il s'assied sur la causeuse.*) Décidément, j'ai eu là une idée méphistophélique!.. Une idée dont je suis vraiment l'inventeur?... J'ai créé un autre moi-même... je me suis donné un ménechme, un sosie... un être fantastique qui n'existe que pour ma femme!.. Si je suis supris à Mabille... à Asnières... ou... ailleurs... ça sera lui... toujours lui... Irma ne me soupçonnera jamais... Elle me verrait elle-même... Eh bien! non... elle se dirait à présent : (*Se levant.*) Ça n'est pas mon mari... c'est l'autre... (*Il rit, puis s'arrête.*) Tromper une si bonne femme... c'est affreux!... oui... mais c'est bien amusant!... Dans ce moment, par exemple, je m'occupe activement d'une petite veuve... charmante!.. femme du monde, dont je n'ai encore absolument rien obtenu... Néanmoins, je sens que ça marche... Hier... quand, au sortir du bal, j'ai voulu la reconduire, elle m'a repoussé, chassé de chez elle... ça marche très-bien... et je suis sûr qu'elle m'attend aujourd'hui... Par ce premier soleil du printemps, j'espère l'entraîner à la campagne... et si, par miracle, on me rencontre avec elle... Eh bien! ça ne sera pas moi... ça sera l'autre... ça sera... (*Il fait encore quelques pas de danse et s'arrête à la voix de sa femme.*)

SCÈNE VIII.

TOURILLON, IRMA, *puis* PHILIPPE.

IRMA, *entrant par le fond à gauche.**

Mon ami, je viens d'attacher ta décoration... ça fait très-bien...

* Tourillon, Irma.

TOURILLON.

Irma, laisse-moi te dire une chose.

IRMA.

Quoi?

TOURILLON, *avec sentiment.*

Irma... tu es la plus tendre des épouses!

PHILIPPE, *entrant par le fond-milieu.**

Monsieur... il y a là une dame qui demande à vous parler.

TOURILLON, *s'oubliant.*

Une dame! est-elle jeune?

IRMA.

Hein!.. qu'est-ce que ça vous fait?

TOURILLON.

A moi! rien... (*A Philippe.*) Son nom?

PHILIPPE.

Elle dit qu'elle vient pour constituer avoué.

TOURILLON.

Une cliente!.. je ne peux la recevoir dans ce négligé... (*A part.*) Elle est peut-être jeune... (*Haut, à Philippe.*) Faites entrer... (*Philippe sort par le fond-milieu.*)** Sois assez bonne, chère amie, pour faire prendre patience à cette dame... Le temps de passer un habit... (*A part, en remontant.*) Elle est peut-être jeune. (*Il sort par le fond à gauche.*)

SCÈNE IX.

IRMA, HENRIETTE, PHILIPPE.

PHILIPPE, *entrant le premier par le fond-milieu.*

Par ici, Madame, donnez-vous la peine d'entrer.

HENRIETTE, *paraissant.*

Merci, mon ami. (*Philippe salue et sort.*)

IRMA.***

Veuillez excuser mon mari, Madame... (*Regardant Henriette.*) Ah! mon Dieu...

HENRIETTE.

Irma!

IRMA.

Henriette!.. (*Elles s'embrassent.*)

HENRIETTE.

Toi ici, comment se fait-il?..

IRMA.

Mais je suis chez moi!.. j'ai l'honneur de te présenter madame Tourillon, avoué.

* Tourillon, Philippe, Irma.
** Tourillon, Irma.
*** Irma, Henriette.

HENRIETTE.

Ah! c'est charmant.

IRMA.

Je m'attendais à voir arriver une vieille plaideuse... et, au lieu de cela, je retrouve une amie... une bonne amie de pension... Ah ça, tu as donc un procès?..

HENRIETTE.

Oui.

IRMA.

Voyons... conte-moi ça... je suis très-forte sur la procédure... (*Elles s'asseyent sur la causeuse.*)

HENRIETTE.

Ah! ma chère amie... c'est une histoire bien triste... D'abord, je me suis mariée.

IRMA.

Ah! mon Dieu... est-ce que tu serais veuve?

HENRIETTE.

Hélas! non...

IRMA.

Comme tu dis cela?

HENRIETTE.

Figure toi que j'ai épousé un quart d'agent de change, appelé Morvanchut.

IRMA.

Tu t'appelles madame Morvanchut?

HENRIETTE.

Hélas! oui... le nom m'avait déplu tout de suite... mais celui qui en était porteur... assez laid du reste... annonçait devoir être un excellent mari... Les six premiers mois de notre mariage se passèrent assez bien... mais l'année dernière, M. Morvanchut... Hein! quel nom... Eut la malencontreuse idée de se lancer dans les fournitures militaires, de se frotter à des pantalons garances... A partir de ce jour, ce ne fut plus le même homme... Au lieu d'un quart d'agent de change, j'avais dans mon ménage une moitié de dragon... en paletot...

IRMA, *riant.*

Mais c'est très-amusant.

HENRIETTE.

Je voudrais bien t'y voir... M Morvanchut déchirait tous mes meubles avec ses éperons, venait fumer son caporal jusque dans ma chambre... Je voulus lui faire observer que mon appartement n'était pas une caserne... Là-dessus, il me mit aux arrêts pour quinze jours.

IRMA.

Toi?

HENRIETTE.

Oui, moi, sa femme!.. tu penses bien que le lendemain j'étais partie! (*Elle se lève.*)

IRMA, *se levant aussi.*

Comment! tu as quitté ton mari?..

HENRIETTE.

Oui, ma chère, j'ai déserté... comme il dit... et je viens prier M. Tourillon de me faire rentrer dans le civil, au moyen d'une bonne séparation.

IRMA.

Tu n'y penses pas!

HENRIETTE.

Je ne pense qu'à ça... Ah! pourquoi n'a-t-on pas rétabli le divorce?

IRMA.

Le divorce!

HENRIETTE.

Dame! je pourrais me remarier... tandis que je me trouve dans une position... très-délicate... Comme je ne peux pas raconter à tout le monde mes infortunes... conjugales, à ceux qui ne me connaissent pas, je laisse croire que je suis veuve... et j'ai des prétendants... un surtout... un M. d'Harville... pas trop vieux... pas trop laid... suffisamment spirituel... Après M. Morvanchut, tu comprends... tout me paraît beau... par exemple, ce monsieur est d'une hardiesse...

IRMA.

Comment?...

HENRIETTE.

Hier il m'a pris au doigt une petite bague... tu sais, la turquoise que je portais étant demoiselle...

IRMA.

Et tu le lui as permis?...

HENRIETTE.

Du tout... il s'est passé de la permission.

IRMA.

Mais enfin... c'est presque un gage.

HENRIETTE.

Qu'il me rendra. Je veux bien me séparer de M. Morvanchut... mais je ne le veux pas... non, je ne le veux pas... Ah çà, je te parle de mes affaires... Et toi, es-tu heureuse?..

IRMA.

Oh! moi, je n'ai rien à désirer... M. Tourillon est charmant! je trouve ça excellent, moi, un mari!

HENRIETTE.

Oui... ça a son bon côté, je ne dis pas le contraire... c'est commode pour aller au spectacle... au bal surtout... tiens, à la promenade encore... ça sert de maintien... j'ai remplacé M. Morvanchut par un manchon... mais ça n'est pas tout à fait la même chose.

IRMA.

A ta place, je pardonnerais... je ne plaiderais pas.

HENRIETTE.

Ne pas plaider!.. tu me dis ça, toi, femme d'avoué!.. Tu as

manqué ta vocation, ma chère... tu aurais dû épouser un juge de paix! (*On entend la voix de Tourillon.*)

IRMA.

Ah!.. je vais te présenter M. Tourillon... je gage qu'il sera de mon avis... tu vas voir.

SCÈNE X.

LES MÊMES, TOURILLON, *puis* PHILIPPE.

IRMA, *à Tourillon, qui entre par le fond à gauche, en habit, avec sa décoration.**

Jules, permets-moi de te présenter une de mes meilleures amies.

TOURILLON, *passant près d'Henriette qu'il salue.***

Enchanté, Madame... les amies de ma femme... sont nécessairement...

HENRIETTE, *le reconnaissant.*

Ah!...

TOURILLON, *de même.*

Ah!...

IRMA.

Qu'est-ce!

TOURILLON.

Rien.

HENRIETTE, *à part.*

M. d'Harville!...

TOURILLON, *à part.*

Ma petite veuve!... sapristi!... (*Il remonte jusqu'à la porte du fond-milieu, qu'il ouvre.*)

HENRIETTE.

Où vas-tu?

TOURILLON.

Moi?... nulle part... je cherche... un fauteuil... pour madame...

HENRIETTE, *refusant du geste.*

Mille remercîments, Monsieur... mais, si je ne me trompe, il me semble avoir déjà eu le plaisir de vous rencontrer.

IRMA.

Ah bah!...

TOURILLON, *à part.*

Nous y voilà... (*Haut.*) A la sixième chambre peut-être... j'y vais tous les jours...

HENRIETTE.

Regardez-moi donc, je vous prie.

* Tourillon, Irma, Henriette.
** Irma, Tourillon, Henriette.

TOURILLON.

Avec le plus grand plaisir, Madame, puisque vous me le perpettez... (*Prenant son lorgnon.*) Pardon... j'ai la vue un peu faible... (*Lorgnant Henriette.*) Non... non... je ne me souviens pas du tout... du tout....

HENRIETTE, *à part.*

Oh ! c'est trop fort !...

TOURILLON, *bas, à Irma.*

Elle est très-bien, ton amie.

HENRIETTE.

Comment ! vous n'étiez pas hier à la soirée de madame de Saint-Germain ?

TOURILLON, *ahuri.*

St-Germain en Laye ?... non, Madame.

IRMA.

Mon mari était hier soir à sa conférence.

TOURILLON.

C'est vrai !... (*A part.*) Excellente femme ! (*Haut.*) Nous avons même entendu un jeune stagiaire, qui a parlé trois heures... sur l'action en revendication au possessoire... charmante question, pleine d'intérêt.

IRMA.

Pour toi, mon ami, mais...

TOURILLON.

C'est juste... il me suffira de dire à madame que si j'avais eu le bonheur de la voir une fois, cela m'aurait suffi pour me souvenir d'elle toujours ! (*A part.*) Elle m'ennuie beaucoup.

HENRIETTE.

Non... je ne me trompe pas...

IRMA, *vivement.*

Ah ! je devine celui qu'Henriette a pris pour toi !... c'est encore lui !... l'autre !...

TOURILLON.

Qui ça ?

IRMA.

Ton sosie !

TOURILLON.

Tiens, c'est vrai !... (*A part.*) Quelle excellente femme !... (*Haut.*) Irma, tu es la plus tendre... (*A Henriette.*) Figurez-vous, Madame, qu'il y a, de par le monde, un polisson... pardonnez-moi ce substantif-adjectif... un peu risqué... un polisson qui me ressemble d'une manière désespérante... pas pour lui... mais pour moi... pour le repos de mon ménage...

HENRIETTE, *incrédule.*

Ah !...

TOURILLON.

Demandez à ma femme.

IRMA.

C'est la vérité.

TOURILLON.

Là! je ne lui fais pas dire.

HENRIETTE.

Une pareille ressemblance... est incroyable... les mêmes yeux... la même bouche...

TOURILLON.

Vraiment?

HENRIETTE.

Jusqu'à la voix!

TOURILLON.

Tu entends, Irma... la voix aussi! il a ma voix... je lui ai donné ma v... (*Se reprenant.*) C'est prodigieux! A présent que Madame, qui est ton amie, l'a vu et entendu, tu ne pourras plus douter de l'existence de mon fac-simile.

IRMA.

Mais, je n'en doute pas.

TOURILLON.

Parbleu! (*A part.*) ça tourne très-bien.

HENRIETTE.

C'est que plus je vous regarde, Monsieur, plus je crois voir M. d'Harville.

TOURILLON.

Ah! d'Harville! il se nomme d'Harville... Madame, son adresse, s'il vous plaît?

IRMA.

Pourquoi la demandes-tu?

TOURILLON.

Pour courir chez lui... pour lui faire une marque... n'importe où...

IRMA.

Quelle folie! laissons-là ce monsieur... et parlons du procès d'Henriette.

TOURILLON.

Ah! Madame a un procès?

HENRIETTE.

Oui, Monsieur.

IRMA.

Voyons, conte tout à mon mari... un avoué... c'est presque un confesseur... Va, je n'écoute pas. (*Elle va s'asseoir sur la causeuse, prend un ouvrage de tapisserie et travaille.*)

TOURILLON, *d'un air très-aimable à Henriette, qui s'assied contre le bureau, sur un siége qu'il lui présente.**

Parlez, Madame... enchanté de pouvoir occuper pour des yeux si... (*A part.*) Ma femme me gêne! (*Il s'assied de l'autre côté du bureau.*)

* Irma, Henriette, Tourillon.

HENRIETTE.

Monsieur, je plaide contre mon mari.

TOURILLON, *s'oubliant.*

Tiens ! je vous croyais veuve !

HENRIETTE.

Ah ! (*A part.*) Comme M. d'Harville ! (*Haut.*) Qui a pu vous dire ?

TOURILLON.

Personne ! mais... à voir ce visage épanoui... par la douleur.

HENRIETTE.

Je suis décidée à me séparer de lui.

TOURILLON.

Vous séparer... de biens ou de?..

HENRIETTE.

De tout.

TOURILLON.

Vous avez raison ; il ne faut pas faire les choses à demi. (*A part.*) Ça m'arrange.

HENRIETTE.

Ainsi, vous croyez...

TOURILLON.

Soyez tranquille, Madame, nous conduirons l'affaire... (*Avec galanterie.*) Une séparation de première classe... D'abord, je vous donnerai un avocat qui l'éreintera... comme on dit au palais.

HENRIETTE.

Qui ?

TOURILLON.

Monsieur votre mari... ce père de vos enfants qui n'a pas craint de...

HENRIETTE, *se levant.*

Mais je n'ai pas d'enfants, Monsieur.

TOURILLON, *se levant aussi, à part.*

Bravo ! ça m'arrange de plus en plus !.. (*Haut.*) Pas d'enfants !... Ah ! cette circonstance augmente encore mon mépris pour monsieur votre époux !... Voyons, contez-moi vos griefs, vous devez en avoir.

HENRIETTE.

Oh ! certainement, et beaucoup.

TOURILLON.

Tant mieux ! tant mieux !

IRMA.

D'abord, il s'appelle Morvanchut !

TOURILLON, *avec un cri et remontant.*

Ah !.. Morvanchut !.. mais c'est un crime que ce nom-là !...

IRMA.*

Il est très-laid.

TOURILLON, *redescendant au milieu.*

Ah !.. nous avons beaucoup de maris dans cette position... médiocre... Malheureusement la loi protége la laideur.

* Irma, Tourillon, Henriette.

HENRIETTE.

Comment?

TOURILLON.

Ce qui nous prouve que le code civil n'a pas été fait par des Apollons... c'est un trait d'esprit... passez-le-moi... un dimanche!.. n'importe, Madame, remettez-moi votre dossier... votre mari n'a qu'à bien se tenir.

HENRIETTE.

Vous espérez donc?..

TOURILLON.

Certainement... (*Bas, avec galanterie.*) Près de vous, on serait trop à plaindre, si l'on n'espérait pas un peu... (*A part.*) Ma femme me gêne!

HENRIETTE, *à part.*

Monsieur d'Harville m'a dit juste la même chose hier. (*Haut, lui présentant des papiers.*) Tenez, Monsieur, voici quelques notes jetées à la hâte...

TOURILLON.

De votre jolie main... donnez, madame. (*Il avance la main.*)

HENRIETTE, *apercevant sa bague au doigt de Tourillon.*

Ah! mon Dieu! (*Elle laisse tomber les papiers.*)

TOURILLON.

Plaît-il?..

HENRIETTE, *vivement.*

Rien, rien, Monsieur!.. (*A part.*) Ma bague... Ma turquoise à son doigt!.. c'est lui!..

TOURILLON, *à part ramassant les papiers.*

Qu'est-ce qu'elle a?.. (*Il va poser les papiers sur la cheminée.*)

PHILIPPE,* *entrant par le fond-milieu.*

La voiture que Monsieur a demandé est à la porte.

TOURILLON.

C'est bien... plus tard... (*Philippe sort.*)

IRMA**, *se levant.*

Mais, mon ami; tu oublies cette vente...

TOURILLON.

A Asnières?..

IRMA.

Non... à Auteuil... (*Elle va près d'Henriette.*)

TOURILLON.

Ah! oui... c'est juste... à Auteuil... (*A part.*) Les laisser ensemble... c'est imprudent... (*Haut, à Henriette.*) Si Madame voulait accepter mon bras et mon cab, j'aurais l'honneur de...

IRMA.

Du tout... je garde Henriette...

* Tourillon, Irma, Philippe, Henriette.
** Tourillon, Irma, Henriette.

HENRIETTE.

Oui... (*appuyant.*) Nous avons à causer.

TOURILLON.

Ah! vous avez à...

HENRIETTE.

De vieilles amies comme nous ont tant de choses à se dire!..

TOURILLON, *à part.*

Je suis inquiet.

IRMA.

Adieu, mon ami... je t'attendrai pour dîner.

TOURILLON.

Oui... oui... (*Saluant Henriette.*) Madame...

HENRIETTE, *avec intention.*

Au revoir, M. Tourillon... au revoir!..

TOURILLON *à part.*

Je suis très-inquiet.

ENSEMBLE.

AIR : *Des beautés de la cour.*

TOURILLON, *à part.*

C'est à regret que je les quitte,
Car elles vont parler de moi;
J'aurai du bonheur, si j'évite
La querelle que je prévois.

IRMA.

C'est avec regret qu'il me quitte...
Absent, il va penser à moi.
Cher Tourillon, reviens bien vite;
Je ne sais pas vivre sans toi.

HENRIETTE, *à part.*

Comme prudemment il m'évite!
Oh! je suis bien sûre de moi,
Et je veux punir au plus vite
Le mari qui trahit sa foi!

(*Tourillon sort par le fond-milieu.*)

SCÈNE XI.

HENRIETTE, IRMA; *puis* PHILIPPE.

IRMA.*

Eh bien! comment trouves-tu mon mari?.. Charmant, n'est ce pas?..

HENRIETTE.

Ton Tourillon?.. c'est un monstre... un scélérat!..

IRMA.

Comment?

HENRIETTE.

Il te trompe, il me trompe, il trompe tout le monde!..

* Henriette, Irma.

IRMA.

Je ne te comprends pas.

HENRIETTE.

Ce M. d'Harville, cet amoureux plus entreprenant que les autres...

IRMA.

Eh bien?

HENRIETTE.

C'est lui!..

IRMA.

Impossible!..

HENRIETTE.

J'ai une preuve.

IRMA.

Une preuve!..

HENRIETTE.

Cette bague... cette turquoise, que m'a pris hier M. d'Harville...

IRMA.

Eh bien?

HENRIETTE.

Elle est au doigt de ton mari...

IRMA.

Tu te trompes!..

HENRIETTE.

Je l'ai vue!..

IRMA.

Ah! j'en mourrai!..

PHILIPPE,* *entrant par le fond.*

Madame... c'est encore ce capitaine...

IRMA,** *allant vivement à lui.*

Quel capitaine?.. Je n'y suis pas!.. je n'y suis pas!.. je n'y suis pour personne!.. (*Bas, à Henriette qui a remonté près d'elle.*) Viens!.. je sens que j'étouffe!... Dans ma chambre au moins je pourrai pleurer!..

HENRIETTE, *bas.*

Pleurer!... non pas... Nous venger; à la bonne heure!.. (*Elle sort avec Irma par la droite.*)

SCÈNE XII.

PHILIPPE MORVANCHUT.

MORVANCHUT, *entrant par le fond.*

Eh bien?.. ton bourgeois d'avoué a-t-il enfin pris son chocolat?

* Philippe, Henriette, Irma.
** Philippe, Irma, Henriette.

PHILIPPE.

Monsieur, il est sorti.

MORVANCHUT.

Ça n'est pas vrai !

PHILIPPE.

Puisque je vous jure...

MORVANCHUT.

Tais-toi !.. où est-il ?..

PHILIPPE.

A Auteuil !..

MORVANCHUT.

Tu mens !

PHILIPPE.

Capitaine !

MORVANCHUT.

Annonce-moi.

PHILIPPE.

Mais puisqu'il est sorti !

MORVANCHUT.

Tu veux donc que je te passe mon sabre au travers du corps !

PHILIPPE, *se sauvant à droite.*

Capitaine !..

MORVANCHUT.*

Sapristi ! comme ça fume ici... c'est insupportable !.. (*Il ouvre la fenêtre.*) Qui est-ce qui m'a bâti une cheminée comme ça !.. (*Il va à la cheminée et trouve dessus le dossier de sa femme.* — (*A part.*) Qu'est-ce que c'est que ça ?.. l'écriture d'Henriette !.. Elle est venue !.. Voilà son dossier !.. et ce Tourillon accepte !.. Oh !.. (*Haut.*) Brosseur !.. ici !.. Brosseur !..

PHILIPPE *s'approchant.*

Voilà, capitaine !

MORVANCHUT.

Ton maître est ici... j'en suis sûr.

PHILIPPE.

Je veux bien, moi... qu'est-ce que ça me fait ?..

MORVANCHUT.

Va lui dire que je l'attends... pour le tuer !..

PHILIPPE.

Pour le tuer !..

MORVANCHUT.

Et qu'il se dépêche de venir !

PHILIPPE, *à part.*

Voilà un client !.. (*Il passe près de la fenêtre qu'il va pour fermer.*)

* Morvanchut, Philippe.

MORVANCHUT,* *l'en empêchant.*

Veux-tu laisser ça !.. tu ne vois donc pas que je suffoque !.. que j'étouffe !.. Tu t'entends donc avec ton maître pour m'assassiner... pour m'asphyxier !.. (*Allant à la cheminée.*) ** Qu'est-ce que je disais?.. du charbon de terre! dans une cheminée qui fume !.. Il y avait préméditation !..

PHILIPPE.

Mais Monsieur...

MORVANCHUT, *furieux.*

Le charbon de terre m'incommode, animal !..

PHILIPPE, *vivement.*

Alors Monsieur, allez-vous-en !

MORVANCHUT, *agitant sa cravache.*

Hein !.. tu dis?..

PHILIPPE, *doucement et reculant.*

Je dis... colonel... allez prendre l'air.

MORVANCHUT.

Oui, je m'en vais ... mais je ne quitte plus la maison !.. Je descends dans le jardin... j'attendrai-là ton maître... car il me le faut, ton avoué !.. je le veux, ton avoué !.. et jel'aurai... mort ou vif !.. (*Il sort par le fond.*)

SCÈNE XIII.

PHILIPPE, *puis* TOURILLON.

PHILIPPE, *seul.*

Ça doit être un cosaque réfugié !.. (*Allant regarder à la fenêtre.*) Il est déjà dans le jardin... (*La fermant.*) Ma foi, qu'il y reste !.. (*Se retournant et apercevant Tourillon, qui entre par le fond-milieu*) Tiens, voilà Monsieur. (*Il gagne la droite, après l'entrée de Tourillon.*)

TOURILLON,*** *pensif, à part.*

Décidément, je suis inquiet... (*Haut, en apercevant Philippe.*) Ah !.. Philippe !..

PHILIPPE, *s'approchant.*

Monsieur?..

TOURILLON.

Où est madame Tourillon ?

PHILIPPE.

Dans sa chambre, je suppose.

TOURILLON.

Toujours avec cette dame ?

PHILIPPE.

Je l'ignore, Monsieur... j'étais ici, et vous savez qu'on peut sortir de chez Madame par le petit salon.

* Philippe, Morvanchut.
** Morvanchut, Philippe.
*** Tourillon, Philippe.

TOURILLON.

C'est bon... va-t-en! (*Il passe à droite.*)

PHILIPPE.*

Ah! Monsieur... il y a là quelqu'un de fort désagréable, qui voudrait vous...

TOURILLON, *passant à gauche.*

Je n'y suis pas!.. je n'y suis pour personne!..

PHILIPPE.**

Bien Monsieur... C'est qu'il y a très-longtemps que ce Monsieur...

TOURILLON.

Dis-lui d'aller se promener!.. (*Il passe à droite.*)

PHILIPPE.***

C'est ce qu'il fait, Monsieur... il est dans le jardin, et il se promène.

TOURILLON.

Va te promener avec lui!

PHILIPPE, *à part.*

Ma foi, non! (*Il sort par le fond à gauche.*)

TOURILLON, *seul.*

Je suis fort inquiet!.. Cette dame Morvanchut ne paraissait pas entièrement convaincue... Si elle allait réveiller les soupçons d'Irma... lui inspirer des doutes sur l'existence de mon autre, moi!.. Assurons-nous d'abord que madame Morvanchut est partie. (*Il va regarder par le trou de la serrure de la porte à droite.*)

SCÈNE XIV.

IRMA, TOURILLON.

IRMA, *entrant tout doucement par le fond-milieu, à elle-même.*

On l'a vu rentrer... (*Voyant Tourillon.*) Le voilà!.. (*Descendant la scène.*) Faisons ce que m'a conseillé Henriette. M. Tourillon, vous allez être puni par où vous avez péché.. (*Haut.*) Hum! hum!..

TOURILLON, *à part, se retournant et apercevant Irma.*

Tiens! elle était là!.. c'est qu'elle est charmante ma femme!.: (*Passant à gauche, tout en l'examinant.*) Bien mieux que cette Morvanchut!.. (*Haut et s'approchant un peu d'elle.*) Irma!..

IRMA,**** *se retournant et feignant l'effroi.*

Ah!..

* Philippe, Tourillon.
** Tourillon, Philippe.
*** Philippe, Tourillon.
**** Tourillon, Philippe.

TOURILLON.

Rassure-toi, ma chère amie... c'est ton petit Tourillon !.. ton amour de Tourillon !..

IRMA, *jouant la surprise.*

Plaît-il, Monsieur ?..

TOURILLON, *étonné.*

Monsieur ?..

IRMA, *même jeu.*

Ah !.. c'est étonnant ! c'est prodigieux !..

TOURILLON, *à part.*

Qu'est-ce qu'elle a ?.. (*Haut.*) Je ne suis pas allé à Auteuil... pour cette vente... tu sais...

IRMA.

La même voix !

TOURILLON, *à part.*

Qu'est-ce qu'elle a ?..

IRMA.

Il faut convenir, Monsieur, que vous êtes bien audacieux !

TOURILLON, *regardant autour de lui.*

Qui ça ?

IRMA.

Oser vous introduire dans une maison... qui n'est pas la vôtre ?..

TOURILLON.

Plaît-il ?..

IRMA.

A l'aide d'une ressemblance...

TOURILLON, *à part.*

Une ressemblance !.. Elle me prend pour l'autre !.. Bravo !.. (*Haut.*) Mais, ma chère amie...

IRMA.

Oh ! Monsieur je sais qui vous êtes... on ne trompe pas le cœur d'une femme.

TOURILLON, *à part.*

Elle y tient !.. Ce que c'est que d'être frappé d'une idée... (*Haut.*) Mais regarde-moi donc...

IRMA.

Monsieur, je vous défends de me tutoyer !

TOURILLON.

Ah ! mais...

IRMA.

Enfin, Monsieur, que voulez-vous ?.. qu'espérez-vous ?..

TOURILLON.

Mais... j'espère rentrer chez moi... m'asseoir dans mes meubles... Voyons... où est ma robe de chambre ?..

IRMA.

Assez Monsieur !.. votre ruse est par trop grossière... je vous connais... vous êtes M. d'Harville.

TOURILLON.

Moi?.. (*A part.*) C'est drôle !.. c'est très-drôle !..

IRMA.

Après avoir cherché à tromper, à séduire une de mes amies, vous osez venir chez moi, qui aime mon mari !..

TOURILLON, *à part, imitant Irma.*

Qui aime mon mari !.. elle a bien dit ça !.. (*Haut.*) Tu ne te figures pas l'agrément que tu m'occasionnes... pourtant, permet-smoi de te dire que tu te blouses complétement.

IRMA.

Je vous ai défendu de me tutoyer !

TOURILLON.

Oh ! oui... vous vous blousez complétement.

IRMA.

Puisque vous m'y forcez, Monsieur, je vais appeler... (*Elle remonte.*)

TOURILLON, *à part.*

Ah ! mais, ça ne m'amuse plus !.. (*Haut.*) Je jure que je suis Tourillon, le vrai Tourillon !

IRMA.

Alors... prouvez-le.

TOURILLON.

Hein !.. mais je ne demande pas mieux ?.. (*A part.*) Est-elle gentille donc, ma femme !.. (*Haut.*) Justement, nous sommes seuls... et... (*Il veut l'embrasser.*)*

IRMA, *le repoussant et passant à gauche.*

Ne m'approchez pas, M. d'Harville !

TOURILLON.

Au diable !.. d'Harville n'existe pas...

IRMA.

Hein ?..

TOURILLON, *se reprenant.*

Ici !.. ici !...

IRMA.

Mais j'ai une preuve, moi, Monsieur !..

TOURILLON, *à part.*

Ah ! voilà qui est curieux !.. (*Haut.*) Une preuve que je suis d'Harville ?..

IRMA.

Oui.

TOURILLON.

Ah ! je serais bien aise de la connaître.

* Irma, Tourillon.

IRMA, *montrant la turquoise qu'il a au doigt.*

Cette bague que vous portez au doigt...

TOURILLON, *embarrassé.*

Ça... c'est une turquoise... ça n'est pas une preuve!

IRMA.

M. d'Harville l'a prise hier soir aux mains d'Henriette en lui faisant une déclaration.

TOURILLON, *à part.*

Ah! bigre!..

IRMA.

Si vous n'êtes pas M. d'Harville, vous êtes mon mari... et, si vous êtes mon mari, vous me trompez!..

TOURILLON, *à part.*

C'est clair... si je suis son mari, je la trompe...

IRMA.

Maintenant, qui êtes-vous?.. Parlez.

TOURILLON, *à part.*

Aïe! aïe!.. me voilà forcé de ne plus être le mari de ma femme!..

IRMA.

Eh bien! Monsieur?...

TOURILLON.

Eh bien! Madame... je vois qu'il faut vous dire la vérité... Je... (*A part.*) Je ne m'attendais pas à celle-là... (*Haut.*) Je suis en effet...

IRMA.

M. d'Harville?...

TOURILLON.

C'est vrai.

IRMA, *à part.*

Il persiste! oh! le monstre!...

TOURILLON.

Je ne suis pas ici chez moi... (*A part.*) C'est dur à avouer... pour un avoué!.. Allons, je fais des mots encore! (*Il s'assied près du bureau.*)

IRMA.

Et vous n'y comptez pas rester, j'espère.

TOURILLON, *à part.*

C'est juste... (*Haut, se relevant.*) Ah! pardon!.. (*A part, en passant à gauche.*) * Je ne peux plus m'asseoir dans mes fauteuils... (*Il va pour s'asseoir sur la causeuse et se relève aussitôt.*)

IRMA, *à part.*

C'est ça, il veut continuer... Eh bien! moi aussi, je continuerai. (*Elle sonne avec la sonnette qui est sur le bureau.*)

* Tourillon, Irma.

TOURILLON, *la regardant sonner, à part.*

Qu'est-ce qu'elle fait ?..

PHILIPPE, *entrant par le fond-milieu.*

Madame...

IRMA, *montrant Tourillon.*

Reconduisez monsieur.

PHILIPPE.

Monsieur ?..

TOURILLON, *à part.*

Hein ?... elle me fait reconduire... par mon domestique !..

PHILIPPE, *s'approchant de Tourillon.*

Monsieur!... (*Reconnaissant son maître.*) Hein ?..

TOURILLON, *bas à Philippe.*

Tais-toi !.. ce n'est pas moi !

IRMA.

Si, par hasard, M. d'Harville...

PHILIPPE, *étonné.*

D'Harville ?...

IRMA.

Oui, si Monsieur, que vous voyez, se représente ici... vous répondrez toujours que je suis à la campagne.

PHILIPPE.

Ah ! bah !...

IRMA, *faisant une grande révérence à Tourillon.*

Monsieur...

TOURILLON, *saluant profondément.*

Madame, j'ai bien l'honneur... (*A part.*) Me voilà mis à la porte de chez moi ?

ENSEMBLE.

AIR : *De Lucrèce Borgia.*

TOURILLON, *à part.*

Sortons... ne laissons rien paraître,
Et, quoi que ça soit fort, ma foi,
Il faut partir et se soumettre...
Ici je ne suis plus chez moi !

IRMA.

Plus longtemps je ne puis permettre
Votre présence ici, je crois...
Il faut partir et se soumettre,
Car je suis maîtresse chez moi.

PHILIPPE, *à part.*

Mais cet homme-là, c'est mon maître...
Je n'y comprends plus rien, ma foi.
Il me défend de le connaître,
Et me dit : je ne suis pas moi !

* Tourillon, Philippe, Irma.

TOURILLON, *à part.*

Ne nous laissons plus chercher noise,
D'Harville d'ici doit sortir...
Quand il n'aura plus la turquoise,
Tourillon pourra revenir !

REPRISE DE L'ENSEMBLE.

(*Tourillon et Philippe sortent par le fond-milieu.*)

SCÈNE XV.

IRMA, *seule, regardant sortir son mari.*

Il part !... au lieu de tomber à mes pieds... de me demander pardon, en me jurant de ne plus me tromper... Il part !... c'est cela... il s'en va pour me laisser croire à l'existence de ce prétendu d'Harville, dont il compte encore se faire un masque. Oh ! c'est indigne !... Il faut pourtant que je punisse M. Tourillon ! Oh ! oui !... il le faut... n'importe comment !...

AIR : *On dit que suis sans malice.*

Avec quelle infernale adresse,
Il savait tromper ma tendresse !...
Avant peu, monsieur Tourillon,
Vous paîrez votre trahison !...
Quand d'une aussi sanglante offense
Femme veut obtenir vengeance,
Elle doit avoir un moyen...
Lequel ?... Je le trouverai bien.
Oui, oui, je chercherai si bien,
Que je trouverai mon moyen.

(*Elle reste absorbée.*)

SCÈNE XVI.

IRMA, TOURILLON.

TOURILLON, *entr'ouvrant doucement la porte à droite et entrant.*

Je viens de rentrer chez Irma par le petit salon... je n'ai plus ma bague... Avec elle d'Harville a disparu et je puis me montrer à ma femme... (*Voyant Irma, à part*). La voilà !... Il faut qu'elle me voie bien sortir de chez elle !... (*Haut*). Hum ! hum !

IRMA, *à part.*

Mon mari !... Il sort de ma chambre !... Oh ! j'ai mon moyen !... Je me vengerai... et je me vengerai tout de suite !... (*Elle s'assied sur la causeuse reprend son ouvrage de tapisserie et travaille*).

TOURILLON.

C'est moi, Irma... c'est moi !...

IRMA.

Eh bien !... approche donc !

TOURILLON, *à part.*

C'est drôle !... elle ne paraît pas surprise de me voir !... (*Haut et s'approchant*). Tu vas être bien contente, ma Minette... je ne vais pas à Auteuil....

IRMA.

Je le sais.

TOURILLON, *étonné*.

Hein ?...

IRMA.

Je le sais.

TOURILLON, *à part*.

Elle le sait?... Au fait, puisqu'elle me voit ici, elle doit se douter que je ne suis pas à....

IRMA.

Ah ! mon ami !... il vient de m'arriver une terrible chose !...

TOURILLON.

Bah !...

IRMA.

Une aventure incroyable !...

TOURILLON.

En vérité?...

IRMA.

Je l'ai vu !...

TOURILLON, *à part*.

Nous y voilà !... elle va me raconter à moi... c'est délicieux !... (*Haut et s'asseyant près d'elle*). Tu as vu qui ?...

IRMA.

Lui !...

TOURILLON.

Qui ?... lui ?...

IRMA.

M. D'Harville !...

TOURILLON.

Ah ! bah !

IRMA.

Il sort d'ici.

TOURILLON.

Ah ! sapristi !... j'aurais bien voulu être là !... Mais, dis-moi si tu trouves qu'il me ressemble à un point...

IRMA.

C'est frappant !

TOURILLON.

Là !... Qu'est-ce que je t'avais dit ?... Eh bien ! ton amie la veuve Morvanchut, ne paraissait pas croire que... Ah ! ça, tu ne t'y es pas trompée, j'espère. (*A part.*) Je ris beaucoup... en dedans.

IRMA.

Je ne pouvais pas me tromper... tu ne portes pas de turquoise, toi !...

TOURILLON, *montrant ses mains.*

Non, non... je ne porte rien... absolument rien... que notre alliance.

IRMA.

Puis... je venais de te quitter... tu ne pouvais pas être en même temps ici... et dans ma chambre.

TOURILLON, *surpris.*

Hein?... dans quelle chambre?

IRMA.

Dans la mienne... où tu étais entré par le petit salon, pour me faire une surprise charmante...

TOURILLON.

Une surprise!... (*Se levant. — A part.*) Ah! mais, c'est à moi qu'on en fait une. (*Haut, à Irma qui se lève.*) Voyons, voyons, ma bonne amie... ne plaisantons pas avec ces choses-là. Tu dis que ce M. D'Harville... ce... polisson... pardon, je me répète... que ce drôle était ici... je le veux bien... mais moi... le vrai moi?...

IRMA.

Eh bien! toi... tu étais dans ma chambre, où tu m'avais trouvée seule.

TOURILLON.

Seule?...

IRMA.

Oui... Henriette venait de me quitter... je te croyais sur la route d'Auteuil... tandis que, mari tendre et galant, tu n'étais sorti que pour aller chercher ta surprise.

TOURILLON.

Quelle surprise?

IRMA.

Sais-tu que tu me fais peur... comment, tu oublies, d'un moment à l'autre ce que...

TOURILLON, *se frottant le front.*

Oui... c'est une infirmité qui me commence... Passons là dessus et arrivons à la surprise.

IRMA.

Elle était du meilleur goût... tu m'apportais, dans un écrin, ton portrait que je désirais tant avoir et que tu as fait faire, sans m'en rien dire.

TOURILLON.

Mon portrait!...

IRMA.

Oui... en broche.

TOURILLON.

En broche!... allons donc!... je serais curieux de le voir!... (*A part*). C'était un piége... elle doutait encore... un mot de plus, et je me trahissais!... (*Haut, avec calme*). Eh bien! ce portrait monté en broche?...

IRMA, *lui présentant l'écrin ouvert.*

Le voilà !...

TOURILLON, *prenant l'écrin.*

Grand Dieu !... c'est moi !...

IRMA.

Il est d'une ressemblance...

TOURILLON.

Effrayante !... Comment je t'ai donné ça ?...

IRMA.

Mais sans doute... tout à l'heure...

TOURILLON.

Dans ta chambre.

IRMA.

Dans ma chambre... (*Baissant les yeux.*) sur la causeuse...

TOURILLON, *à part.*

Comment !... sur la... Alors, ça ne peut être que mon sosie !... Que je suis bête !... je n'en ai pas !... et pourtant... (*Regardant le portrait.*) Si... le voilà !... (*Passant à gauche*). Grand Dieu ! j'en avais donc un !... Enfin... c'est une preuve, ça !...

IRMA*.

Rends-moi ce joujou... (*Elle reprend l'écrin*) il ne me quittera plus... tu me l'as donné si gentiment...

TOURILLON.

Ah !... j'ai été gentil ?... (*A part*). Il paraît qu'il a été gentil !...

IRMA.

Je me croyais revenue aux premiers temps de notre mariage.

TOURILLON.

Quand ?...

IRMA.

Tout à l'heure !...

TOURILLON.

Pourquoi ?...

IRMA, *baissant les yeux.*

Tu me le demandes ?...

TOURILLON, *à part, la regardant.*

J'ai une sueur froide !...

IRMA.

AIR : *Ah ! daignez m'épargner le reste.*

Bien humblement, à mes genoux,
Comme eût fait l'amant le plus tendre,
Tu me parlais d'un ton si doux
Que j'avais bonheur à t'entendre.
Ainsi je ne te vis jamais...
C'était comme un rêve céleste !
Oui, cher époux, tu me disais
Que j'étais belle !... et tu m'aimais !...
Ton cœur se souviendra du reste.

* Tourillon, Irma.

(*Elle sort par la droite, en courant, et comme confuse de ce qu'elle vient de dire, mais en riant sous cape de Tourillon, qui est anéanti.*)

SCÈNE XVII.

TOURILLON, *puis* PHILIPPE.

TOURILLON, *seul.*

Mon cœur se souviendra!... il ne se souvient pas... mais il devine!... Plus de doute!... je suis pincé!... pincé dans mon propre traquenard!... Justice de Dieu!... je te reconnais là... j'avais un sosie, un ménechme... et le scélérat, abusant de ses avantages physiques, est venu ici... chez moi... dans mes lares... il y est peut-être encore... (*Il va au bureau et agite violemment la sonnette.*) le misérable n'a pu sortir...je n'ai pris que le temps d'ôter ma bague et de faire le tour!... (*Il court à la cheminée et sonne encore plus fort. — Philippe entre par le fond-milieu*).

PHILIPPE,* *à part.*

Oh! voilà Monsieur revenu!

TOURILLON.

Avance ici!...

PHILIPPE, *s'approchant.*

Ah! je puis donc vous reconnaître et vous dire...

TOURILLON.

Tais-toi... et réponds comme à ton heure dernière!... Il est venu quelqu'un ici?...

PHILIPPE.

Oui, Monsieur.

TOURILLON.

Un homme?...

PHILIPPE.

Oui, Monsieur.

TOURILLON.

Qui me ressemble?...

PHILIPPE.

Oh! pour ça, Monsieur...

TOURILLON.

Ça t'a frappé aussi... n'est-ce pas?...

PHILIPPE.

C'est-à-dire, Monsieur, qu'il n'y a pas la moindre...

TOURILLON.

Différence!... Ça n'est que trop vrai... encore un qui s'y serait trompé!...

PHILIPPE, *à part.*

Mais qu'est-ce qu'ils ont donc?...

* Tourillon, Philippe.

TOURILLON.

Et ce Monsieur... ce monstre qui me ressemble...

PHILIPPE, *effrayé.*

Oui, Monsieur...

TOURILLON.

Où est-il?... réponds-moi comme à ton heure dernière.

PHILIPPE.

Dans le jardin... il trépigne sur vos dahlias.

TOURILLON, *furieux.*

Sur mes dahlias aussi!... J'y vais... (*Par réflexion.*) Non, amène-le ici!... dis-lui que je l'attends!...

PHILIPPE.

Ah! lui aussi, il attend!

TOURILLON.

Mais ne lui dis pas que c'est pour le tuer!...

PHILIPPE.

Le tuer!... (*A part.*) Oh! mais ils sont tous fous!... Je ferai peut-être bien d'aller chez le commissaire!

TOURILLON.

Es-tu revenu?

PHILIPPE.

Non, Monsieur, je suis parti!... (*Il sort vivement par le fond-milieu*).

TOURILLON, *seul, s'asseyant contre le bureau.*

Les fenêtres de ma femme donnent sur le jardin... il vaut mieux que l'explication ait lieu ici... à huis-clos... Je ne sais pas... mais je crois qu'il va se passer des choses funèbres!...

PHILIPPE,* *rentrant par le fond-milieu.*

Voilà ce Monsieur!

TOURILLON, *se levant vivement.*

Mon Daguerréotype!... enfin!... (*Morvanchut paraît et s'arrête sur le seuil de la porte. — A part, le regardant*). C'est frappant!.. (*Philippe sort après l'entrée de Morvanchut*).

SCÈNE XVIII.

MORVANCHUT, TOURILLON, *puis* PHILIPPE.

MORVANCHUT,** *son Talma sur le dos.*

Ah! vous voilà donc!... ça n'est pas malheureux!...

TOURILLON, *à part.*

Il s'est fait faire un Talma pareil au mien!...

MORVANCHUT.

Ça fume chez vous!... (*Il va ouvrir la fenêtre.*) et il fait chaud!.. (*Il ôte son Talma qu'il pose sur la causeuse*).

* Philippe, Tourillon.
** Morvanchut, Tourillon.

TOURILLON, *à part, apercevant la décoration à la redingote de Morvanchut.*

Ma décoration aussi!... c'est trop fort!...

MORVANCHUT, *s'approchant de lui.*

Monsieur... je suis déjà venu trois fois!...

TOURILLON.

Trois fois!...

MORVANCHUT, *passant à droite.*

Oui, Monsieur!...

TOURILLON,* *à part.*

Trois fois!... ma femme ne m'en a avoué qu'une!... Hum!.. les femmes!... (*Examinant Morvanchut.*) Dire que voilà ma tête!... c'est drôle!.., je me croyais mieux que ça!...

MORVANCHUT.

Il s'agit d'un procès!...

TOURILLON.

Non, Monsieur!...

MORVANCHUT.

En séparation!...

TOURILLON.

Non, Monsieur... toute feinte est inutile... je sais tout!...

MORVANCHUT.

Très-bien!... puisqu'on vous a tout dit... nous nous entendrons tout de suite!... (*Il passe à gauche*).

TOURILLON,** *à part, le regardant.*

Et dire que c'est frappant!...

MORVANCHUT.

Votre intention est-elle d'arranger l'affaire à l'amiable... ou non?...

TOURILLON, *s'approchant de lui.*

Non, sacrebleu!...

MORVANCHUT.

Comme vous voudrez... sacrebleu!...

TOURILLON, *à part.*

Ah!... il a jusqu'à mes mots!... c'est prodigieux! (*Haut.*)

AIR : *De l'Apothicaire.*

Vous comprenez qu'un de nous deux
Mon bon est de trop sur la terre!...
Un duel entre nous est affreux :
C'est un jumeau contre son frère!
La nature a fait l'imbroglio...
Elle eut empêché ces massacres,
En nous mettant un numéro,
Ainsi qu'on en met sur les flacres...
Il nous fallait un numéro,
Apparent, comme sur les fiacres!

* Tourillon, Morvanchut.
** Morvanchut, Tourillon.

MORVANCHUT, *à part.*

Les fiacres!... qu'est-ce qu'il me chante?

TOURILLON.

C'eût été dans votre intérêt, comme dans le mien... car enfin, vous pouvez être marié aussi!...

MORVANCHUT.

Mais je le suis, Monsieur!...

TOURILLON.

Ah! bah!... Ah! pristi!... je serais bien charmé de connaître madame votre épouse!... Ah! voilà qui me charmerait!...

MORVANCHUT.

Pourquoi, s'il vous plaît?

TOURILLON.

Pour aller prendre votre place!...

MORVANCHUT.

Ah! c'est donc là votre but!... et vous me dites ça en face!...

TOURILLON.

Tiens! je vais me gêner avec vous!... (*A part.*) Je vais me gêner avec lui!...

MORVANCHUT.

Je comprends tout!... c'est vous qui la conseillez!... c'est vous qui l'excitez!...

TOURILLON, *regardant Morvanchut de tout près.*

Est-ce que j'ai le nez fait comme ça?

MORVANCHUT.

Hein?

TOURILLON, *de même.*

Comme on est laid, sans le savoir!

MORVANCHUT, *exaspéré.*

Monsieur! je vous en demande raison!

TOURILLON, *à part.*

Tiens! j'allais le dire!... les mêmes idées!... c'est incroyable!...

MORVANCHUT.

Nous nous battrons!...

TOURILLON.

Nous nous battrons!

MORVANCHUT.

Au sabre!

TOURILLON.

Au sabre! je n'en ai pas!

MORVANCHUT.

Il m'en reste 3;000!... vous choisirez... marchons!...

TOURILLON.

Marchons! (*Ils remontent tous deux.* — *S'arrêtant.*) Un instant!

MORVANCHUT, *s'arrêtant aussi.*

Un instant!

TOURILLON.

Je vais écrire un mot à ma femme!... (*Il va s'asseoir au bureau.*)

MORVANCHUT.

C'est juste... et moi aussi!...

TOURILLON, *à part.*

Et lui aussi! (*Tourillon va écrire sur son bureau; Morvanchut va à la cheminée, tire son portefeuille, en arrache un feuillet et écrit avec son crayon.*)

TOUS DEUX, *écrivant.*

« Ma chère amie, dans cinq minutes, peut-être, j'aurai cessé » d'exister..... »

TOURILLON, *éclatant et se levant, à part.*

Le même style!... (*Haut et se rapprochant de Morvanchut*). Monsieur!... c'est un duel à outrance!...

MORVANCHUT.

Un duel à mort!... (*Tourillon retourne à son bureau et sonne. — Morvanchut tire un des cordons de sonnette de la cheminée.*)

TOURILLON, *à part, le regardant sonner.*

Tout ce que je fais!.. (*Il se rassied et continue d'écrire.*)

PHILIPPE, *entrant par le fond-milieu.* *

Monsieur!...

TOURILLON, *écrivant.*

Attends un peu... (*achevant d'écrire*) ce billet à ma femme!...

MORVANCHUT, *donnant son billet à Philippe.*

Celui-ci à la mienne!... (*Il s'assied sur la causeuse.*)

TOURILLON, *à mi-voix, à Philippe.*

Ne va pas te tromper... ne prends pas monsieur pour moi!... je suis Tourillon, moi!... le vrai Tourillon!... (*Se levant et lui donnant le billet qu'il vient d'écrire.*) Tu n'as jamais vu une ressemblance pareille, n'est-ce pas?

PHILIPPE.

En vérité, Monsieur... je ne sais plus si je vois clair!

TOURILLON.

Tu vois double, pour mon malheur!... (*Philippe remonte et va fermer la fenêtre.*)

MORVANCHUT, *se levant.* **

Eh bien! Monsieur?...

TOURILLON.

Marchons!..

MORVANCHUT.

Marchons!..

* Morvanchut, Philippe, Tourillon.
** Philippe, Morvanchut, Tourillon.

ENSEMBLE.

AIR : *De la guerre* (Perle du Brésil).

Je sens que la colère
Me fera le plus fort!...
Entre nous c'est la guerre...
Et c'est la guerre à mort!...

(*Tourillon et Morvanchut sortent par le fond-milieu.*)

SCÈNE XIX.

PHILIPPE; *puis* IRMA *et* HENRIETTE.

PHILIPPE, *seul.*

Ils vont se massacrer!.. l'un est furieux, l'autre est aliéné... je vais chercher la garde! (*Il remonte et s'arrête.*) Oui... mais quand je reviendrai... ils se seront déchiquetés... il n'y a qu'un moyen de les déranger. (*Il crie.*) Au feu! au feu!

IRMA *et* HENRIETTE, *entrant par la droite.**

Le feu!

HENRIETTE.

Où est-il?

PHILIPPE.

Dans le jardin. (*Il va à la fenêtre qu'il ouvre.*)

IRMA.

Es-tu fou?

PHILIPPE.

Il y aurait de quoi le devenir.

HENRIETTE.

Je devine... ton mari aura fait quelque extravagance.

PHILIPPE, *venant au milieu.***

Sauvez-le, Mesdames... sauvez le zouave aussi! ils sont en-train de s'assassiner tous les deux... voilà leurs testaments... (*Lisant les adresses.*) « A madame Tourillon... à madame Mor- « vanchut... » (*Il leur donne les lettres et retourne à la fenêtre.*)

IRMA.**

C'est pour moi! (*Elle ouvre sa lettre.*)

HENRIETTE, *ouvrant la sienne.*

Qu'est-ce que cela veut dire? mon mari ne connaît pas le tien! (*Elles lisent.*)

IRMA *et* HENRIETTE.

Un duel!

IRMA.

Il faut l'empêcher!..

HENRIETTE.

Où sont-ils?..

* Philippe, Henriette, Irma.
** Henriette, Philippe, Irma.
*** Philippe, Henriette, Irma.

PHILIPPE, *à la fenêtre.*

Dans le jardin.

IRMA.

Courons!.. (*On entend un cri dans la coulisse à gauche.*)

IRMA *et* HENRIETTE, *s'arrêtant.*

Grand Dieu!..

PHILIPPE, *regardant par la fenêtre.*

Il y en a un sur le carreau!

IRMA *et* HENRIETTE.

Ah! lequel? lequel?..

SCÈNE XX.

LES MÊMES, TOURILLON.

TOURILLON, *entrant par le fond-milieu. Il est pâle et défait et tient un grand sabre à la main.**

Je l'ai tué... (*Il jette son sabre, Philippe ferme la fenêtre.*)

LES DEUX FEMMES, *jetant un cri.*

Ah!.. (*Henriette tombe sur la causeuse et Irma sur un fauteuil près du bureau.*)

TOURILLON, *à part.*

Irma! pauvre chatte!.. elle croit que c'est moi que je viens de tuer!.. (*Haut, à Irma.*) Regarde-moi... je suis Tourillon... ton mari... je n'ai pas de bague.

IRMA, *se levant.*

Ah! Monsieur... qu'avez-vous fait?..

TOURILLON, *surpris.*

Monsieur?.. (*A part.*) Si elle n'allait plus vouloir me reconnaître... ce serait déplorable!.. (*Allant à Henriette.*) Madame... dites-lui donc... que...

HENRIETTE, *se levant.*

Ne m'approchez pas, assassin!... votre adversaire... c'était mon mari!...

TOURILLON.

Ah! bah!... tiens... vous vouliez vous séparer... Madame, je suis heureux d'avoir rempli vos intentions...

SCÈNE XXI.

LES MÊMES, MORVANCHUT.

(*Morvanchut entre par le fond-milieu; il a sur le front une grande bande de taffetas d'Angleterre.*)

MORVANCHUT.**

Pardon! j'ai oublié mon talma.

HENRIETTE.

Morvanchut! (*Elle court à lui.*)

MORVANCHUT.

Ma femme!... (*Ils se jettent dans les bras l'un de l'autre.*)

* Philippe, Henriette, Tourillon, Irma.
** Philippe, Henriette, Morvanchut, Tourillon, Irma.

TOURILLON.

Il n'est pas mort! sapristi... c'est à recommencer!.. (*A Morvanchut.*) Monsieur, reposez-vous cinq minutes, et... (*Apercevant la bande de taffetas.*) Tiens! je l'ai numéroté!.. il peut vivre!... (*A sa femme.*) Ma chère amie, regarde bien ce monsieur... il est signé... tu ne pourras plus t'y méprendre.

IRMA.

Mais il ne vous a jamais ressemblé.

PHILIPPE, *s'approchant.**

Mais jamais, Monsieur... (*Il remonte et reste a droite, au deuxième plan.*)

TOURILLON.

Comment?..

IRMA, *lui remettant l'écrin.***

Comparez avec votre portrait!..

TOURILLON, *comparant.*

C'est juste!.. ni le nez!.. ni les yeux!.. rien... rien... (*A Morvanchut.*) Je disais aussi... que diable! je ne suis pas aussi laid que ça?..

MORVANCHUT, *qui causait avec sa femme.*

J'étais tout à mon épouse, et je n'ai pas entendu... qu'est-ce que vous disiez?..

TOURILLON.

Que je n'étais pas aussi laid... (*Irma lui pousse le coude. — Se reprenant.*) Ah! non...

MORVANCHUT.

Du moment où ma femme me revient, je ne vois pas pourquoi nous nous battrions indéfiniment... vous m'avez blessé... je me déclare satisfait... et vous?...

TOURILLON.

Moi aussi... je vous ai blessé... j'accepte vos excuses...

MORVANCHUT.

Très-bien!

TOURILLON.

Je croyais tenir mon sosie, et ce n'est pas ce monsieur... mais il faut que je le cherche, que je le tue!.. mon sabre...

IRMA.

Rassure-toi... je connais très-bien M. d'Harville.

TOURILLON, *cherchant.*

Mon sabre!..

IRMA.

Il n'y a que celui que vous avez inventé!

* Henriette, Morvanchut, Philippe, Tourillon, Irma.

** Henriette, Morvanchut, Tourillon, Irma, Philippe.

TOURILLON, *à part.*

Aïe! aïe!.. (*Bas à Morvanchut.*) Je suis pincé... allons, j'aime mieux l'être comme ça!.. (*Haut à Irma.*) Mais ce portrait?..

IRMA.

Je l'avais fait de mémoire, et je m'en suis servi pour vous donner une leçon.

TOURILLON, *à part.*

Sapristi! les femmes sont encore plus fortes que les avoués mon moyen a besoin de perfectionnement... je le chercherai.

CHOEUR FINAL.

AIR : *De la Mariée de Poissy.*

IRMA et HENRIETTE.

Allons, par bonté, j'oublie
Son abominable trait.
Encore une fourberie,
Dont on saura le secret.

TOURILLON, MORVANCHUT et PHILIPPE.

Grâce au ciel ma/sa femme oublie
Mon/Son abominable trait.
Encore une fourberie,
Dont on saura le secret.

TOURILLON, *au public.*

AIR : *De Colalto.*

C'est avec peur qu'on voit venir l'instant,
Où le public va rendre sa sentence ;
Je me présente à vous en débutant,
Mais n'oubliez pas trop la vieille connaissance.
Pour moi c'est presque un nouvel avenir...
Plus que jamais, j'ai besoin d'indulgence!...
Et je prendrai, Messieurs, comme *espérance*,
Tous les bravos donnés au souvenir !
Que le *passé* soutienne l'*avenir ?*

REPRISE DU CHOEUR.

FIN

POISSY. — TYPOGRAPHIE ARBIEU.

www.ingramcontent.com/pod-product-compliance
Lightning Source LLC
LaVergne TN
LVHW012018160826
845678LV00002B/894

9782329662879